LA FUSION

ET

LES PARTIS

PAR

CH. DE VALORI

PARIS

GIRAUD, LIBRAIRE-ÉDITEUR

RUE DE SEINE, 51.

1849

AVANT-PROPOS.

Au milieu de l'agitation fébrile qui saisit les hommes, de l'inquiétude qui conduit leurs pensées et leurs désirs, individus et peuples sont tombés dans le doute de toute chose; la confusion est à son comble, au sein de cette nouvelle tour de Babel, où chacun cherche à tâtons le chemin du repos.

Comment reconnaître la vérité au milieu de la confusion des mots et des hommes, des causes et des effets, des principes et des systèmes? Les uns et les autres se disent vérité; le mensonge se couvre d'un manteau biblique, et pareil aux faux prophètes, il sème l'erreur.

On facilite le mal, on le propage, on le pare des qualités qu'il n'a pas, par la confusion introduite dans le langage, par l'abus des expressions acquises à une chose louable et appliquées à un abus. Sous la première Révolution, on se servait de la philosophie théorique pour enflammer la multitude et la gagner au mouvement ; aujourd'hui, on abuse des paroles de l'Évangile pour en contourner le sens et l'approprier aux besoins révolutionnaires du moment : protestantisme politique qui change la signification de la morale au gré des passions, des systèmes et des individus.

Ce souffle trompeur se répand partout ; il obscurcit un grand nombre d'esprits éclairés et fait dévier la multitude qui ne voit pas au-delà de l'aspect. On lui dit : le Christ veut l'égalité, et la multitude attribue à l'égalité les qualités qui ne sont point siennes ; il veut que les hommes soient unis fraternellement entre eux, et chacun applique la fraternité à ses intérêts, prétend qu'on les serve, et dans les rapports sociaux devient le Caïn des intérêts d'autrui.

Aussi, quant au grand problème de notre époque, au bien-être des classes ouvrières, deux éléments se disputent le succès : l'élément socialiste, l'élément religieux.

L'un cherche dans ses passions le moyen de les assouvir ; l'autre les combat, et d'après ce que peut l'homme, enseigne ce qu'il doit.

Les manœuvres du socialisme sont démasquées,

mais elles menacent toujours le repos des faibles ; il faut, à ces menaces, opposer la résistance de la raison, au danger de l'envahissement opposer l'unité et l'intégralité de la force.

L'ère de l'autorité, après avoir fait place à celle de la diffusion, semble se raviver dans les esprits, pour se combiner avec toutes les forces sorties de nos luttes civiles.

Qu'a donc amené le scepticisme philosophique et politique? le doute ; le doute a enfanté l'agitation et produit la lutte morale ; la lutte morale a fait germer la haine , et la haine a produit la guerre civile !... La philosophie, semblable à un vent d'orage, a amoncelé les flots de l'océan humain.... aujourd'hui, ils mugissent, ils se heurtent, ils se brisent !...

La croyance est éteinte, l'idée n'a plus de cause ; la guerre, partout la guerre entre la foi et l'incrédulité, entre les gouvernements et les gouvernés, entre les riches et les pauvres, entre les institutions, entre les nationalités, entre les individus. Tout est nié, rien ne dure ; comme les animalcules de la nature, les théories naissent et meurent presqu'en même temps.

Chacun essaie et chacun tombe ; chacun se croit plus fort et plus apte que son voisin ; on veut vivre

plus rapidement ; aussi les peuples comme les individus sont décrépits avant l'âge. Vite! vite!... tel est
l'esprit du siècle ; il faut être heureux, riche, puissant, bien vite. Chacun croit arriver le premier ;
on s'entrave, on se heurte, on s'étouffe et l'on
n'arrive pas ; l'espace est insuffisant devant les
désirs ; on a beau faire, deux espaces ne sont
pas contenus en un.

La procession de la vie est une succession non
interrompue de mouvement, de repos, de succès,
de revers. L'égalité est la loi d'en haut, la loi du
bien absolu, qui n'est pas applicable en bas.

Le mensonge s'y nomme raison ; le désordre,
liberté ; l'orgueil, dévoûment ; l'ambition, principe politique ; le matérialisme, religion ; rien
n'est plus, tout s'expérimente ; notre société est un
cadavre vivant que les utopistes viennent dissé-
quer ; les gouvernements n'abusent plus des hommes, mais les hommes des gouvernements ; chacun veut être le pouvoir.

Les peuples, pris d'une fièvre intermittente,
boivent à longs traits les conseils perfides, et se
suicident eux-mêmes en oubliant la morale, leur
seul recours contre l'oppression ; ils délaissent, pour
l'ombre du bien matériel, le bien réel. Un souffle
impur les anime, et Dieu détourne ses regards !...

Tout se confond !... le système social est usé !...
Tel est le cri qu'on jette ; est-ce la vérité? non. L'on
confond l'organisation générale avec les vices particuliers, l'arbre avec quelques-unes de ses bran-
ches ! Une rage de réformation a surgi, comme ces
mauvaises herbes qui viennent tuer les blés ; et les
réformateurs, au lieu de choisir l'ivraie, arrachent
tout ce qui a vie, sans posséder le nouveau grain
qui doit produire une nouvelle récolte.

L'individualisme tue la généralité, et la généralité, flasque, sans croyance et sans désir, meurt
d'inanition.

Partout l'orgueil se persuade avoir trouvé ce
que les myriades d'êtres n'ont pu découvrir aupa-
ravant. Tout s'expérimente, on croit à tout, hormis
à la loi du bien !... Mais la raison ne peut rien sur
la folie, il faut que la rage s'épuise... Peut-être ce
temps n'est-il pas éloigné ; jetons donc la se-
mence de la morale chrétienne, l'exemple de la
croyance, car c'est par la foi religieuse et politique que nous terrasserons l'ennemi du repos, le
matérialisme.

Le ciment de la société est la foi, principe d'où
tout émane ; l'édifice qui ne peut s'appuyer sur
cette base, tombera ; car les temps sont venus de
répéter les paroles d'Ezéchiel :

« Dis à ceux qui élèvent une muraille sans ciment, qu'elle tombera, car une grande pluie doit survenir, et des pierres énormes lancées d'en haut, et un vent de tempête qui la renversera. Et tout à coup, quand la muraille sera tombée, ne vous dira-t-on pas : où est l'enduit dont vous l'avez revêtue?.... Et je l'égalerai à la poussière, et ses fondements seront à découvert, et elle s'écroulera, et vous serez enveloppés dans sa ruine.»

Combien de jours d'amertume compterons-nous encore?... Quand donc le Seigneur qui affermit la terre sur ses fondements, affermira-t-il la société sur des bases durables?... Quand donc les hommes suivront-ils le sentier de la justice et du repos?...

Car la famille se divisera toujours sans le respect pour le père; une nation souffrira toujours sans la stabilité de l'autorité, tant qu'elle oubliera les principes de sa fondation.

Les pouvoirs, dans leur marche, tendent toujours à l'absolutisme et tombent, soit qu'ils suivent, sans s'en douter, une voie marquée par le mécanisme moral, soit que l'inquiétude de l'esprit des hommes en soit le mobile.

La crise révolutionnaire a suivi cette routine ; sa marche, quoique saccadée, a subi toutes ses phases, acquis toutes ses conséquences, toutes ses modifications ; toutes les idées émises ont pris le titre pompeux de principes ; elles ont enfanté des partis qui sont tous en présence.

LA FUSION.

CHAPITRE PREMIER.

L'esprit public.

On parle de *fusion ;* que signifie ce mot?.... S'a-
dapte-t-il aux divers *principes* qui ont joué leur
rôle dans l'histoire de notre pays?... ne comprend-il
que les intérêts partiels et individuels?... La fusion
absorbe les hommes dans un principe de stabilité,
dont les données sont diversement expliquées, principe indiqué par certaines dispositions vagues des
esprits, bien qu'actuellement stériles.

La fusion n'est pas un concordat qui vient enche-
vêtrer l'avenir, mais le simplifier au contraire; car
si le mode d'exécution est variable, un principe
n'admet pas de compromis quant à son fait prin-
cipal.

En effet, des principes contraires ne peuvent do-
miner en même temps; il faut que l'un absorbe

les autres, et la question se réduit à deux expressions fondamentales, la république ou la monarchie, la vraie monarchie; car nous pensons qu'un principe ne peut vivre sans son expression vraie. C'est pourquoi, n'ayant jamais vu dans l'histoire des peuples une république démocratique qui ait fonctionné, et trouvant dangereux qu'on nomme république ce qui n'en a pas les éléments purs, nous craignons les conséquences ou d'une chose insolite ou d'un mensonge politique. Si la république est réellement démocratique, elle fonctionne par la multitude, et la multitude aux affaires ne promulgue sa volonté que par l'émeute; si elle ne l'est pas, la nation délègue bien les pouvoirs; mais ces pouvoirs finiront par absorber l'expression publique et par la tyranniser. De toute façon, l'instabilité s'ensuit, et l'instabilité détruit les nations.

La nécessité générale, qui naît de l'excès du mal fait par les divers partis, les rapproche sur le terrain de la sécurité sociale; car le mal n'est plus dans l'une ou l'autre monarchie, dans l'empire, ni dans la république; mais dans l'esprit exclusif et absolu de la démocratie, qui par ses désirs coupables tend à établir la guerre civile en permanence, qui, de minute en minute, comme le dit M. Guizot : « élève un vaste flot d'idées insensées, de passions brutales, de velléités perverses, de *fantaisies* terribles. »

C'est en vue de détruire tout excès de parti, en vue de laisser au bon sens public le soin de nous conduire vers le but inévitable que nous devons atteindre, que la fusion s'opère : elle n'est pas un compromis particulier, mais un fait général provenant de la lassitude et de l'insuffisance des personnalités.

Les grands partis qui s'étaient fractionnés en 1830 rassemblent tous leurs membres épars ; c'est une majorité qui se montre, formée des débris de tout ce qui a joué un rôle dans la politique moderne, c'est un colosse qui se redresse pour jeter sa puissante volonté dans la balance des révolutions.

Il faut applaudir à ce serment que les nuances honnêtes prêtent à l'ordre public, mais examiner aussi les causes de dissolution que nous pouvons rencontrer, afin de les combattre.

Ces causes sont dans les personnalités, dans la position des partis, dans les éventualités de notre état politique, dans l'inquiétude de notre caractère national. Il faut nous prémunir contre ces tendances, quelques faibles qu'elles soient ; nous en parlons, parce que nous sommes surpris de voir encore surgir la polémique personnelle, au milieu du duel engagé entre la civilisation et le parti de la barbarie préméditée.

C'est une question toute du moment, et qui

n'engage pas l'avenir. Les difficultés ne sont-elles pas assez grandes entre l'esprit dominateur de Paris et l'esprit indépendant des provinces, l'autocratie du chef-lieu et la jalousie de clocher, entre les diverses couches de la société, entre les diverses industries, sans venir encore surexciter les passions?....

Pourtant nous en sommes venus à ce point (et c'est le seul bienfait de nos dernières commotions), qu'un système qui ne satisfait pas la conscience générale ne peut être soutenu, ni par les intérêts partiels qui s'y rattachent, ni par les talents qui le défendent. Du moment où sa base est mouvante, devant les luttes ardentes il est sans force; il est donc inopportun de déifier de vains fantômes de politique occasionnelle; il ne faut pas froisser ses amis du jour; il faut se bien défier de ses affections personnelles, car tous les systèmes nés de la révolution de 89 ont montré leur impuissance.

Défendez les hommes, mais ne pensez pas que l'habileté puisse quelque chose aujourd'hui.

A mesure que les commotions se succèdent chez un peuple, son instinct le porte toujours en avant de son point de départ jusqu'aux conséquences extrêmes. Arrivé là, n'y trouvant que désenchantement, il repousse avec ardeur tout ce qui rappelle la marche qu'il vient de suivre, et se jette dans la voie opposée.

Si la monarchie, après des siècles de grandeur, s'entoure d'abus et se défigure, après quelques années de vie la démocratie se gorge d'excès. La fin de la monarchie romaine enfanta des tyrans; la république amena de nombreuses guerres civiles, et vint se perdre dans le despotisme et la décadence.

Cette réaction se montre, occasionnée par le système qui tend à s'asseoir sur les cendres du doctrinarisme.

Qu'était cette théorie gouvernementale? L'infaillibilité des hommes, et le talent de faire ou de défaire des majorités; la clef de cette machine se trouvait dans l'élection; le but était la conservation du pouvoir.

Afin de mettre l'électeur à sa portée, le pouvoir exécutif devait naturellement prendre tous les moyens, bons ou mauvais; il achetait, il captait; pour le renverser, l'opposition, *qui ne s'appuyait pas plus que le pouvoir* sur l'honnêteté politique, l'opposition accusait, calomniait, achetait par des engagements à termes. Si le pouvoir exécutif corrompait en se servant de l'ambition et de la cupidité, l'opposition mettait toutes les passions en jeu, elle les ravivait, elle réunissait toutes les parties de ce grand foyer, elle rassemblait tous les éléments de combustion, et elle y mettait le feu sans calculer l'étendue et la force de l'embrasement. Voilà pourquoi tant de commotions invisibles ont amené un cataclysme dont les effets immédiats sont incalculables. D'une part, le pouvoir créait une force fictive qui le poussait de plus en plus dans la voie des abus, parce qu'elle les facilitait à son profit; l'égoïsme de cette force en détruisait l'effet moral, le vice du système se montrait sans voile aux yeux du pays, et l'opposition en détaillait toutes les difformités.

De l'autre, sous le couvert de l'opposition, qui semblait défendre les intérêts du pays, l'ambition personnelle se frayait seule un chemin, car, dans ce mode de bascule, l'opposition arrivée aux affaires faisait les mêmes fautes que le pouvoir tombé, et ce dernier suivait dans l'opposition la marche de son prédécesseur. L'État et son chef n'étaient qu'un enjeu que l'on affaiblissait toujours, à mesure que le pouvoir passait d'une main à l'autre.

Nous nions donc « Que la forme du gouvernement ne soit qu'un instrument aux mains de l'homme d'État, » parce que cette forme étant mobile, les passions cherchent à l'ébranler chacune à son profit, tandis que la stabilité est tellement dans l'essence des nécessités gouvernementales, que les pouvoirs, même ceux nés dans les révolutions, deviennent toujours anti-révolutionnaires dès qu'ils sont aux affaires.

Le vrai pays, divisé en deux catégories distinctes,

subissait cet état insolite, parce que son ensemble
était miné par les doctrines sorties du sein des passions ; lutte de théories dont la force augmentait en
raison des fautes et des résultats mauvais du système mis en jeu. La fraction représentant les vrais
principes n'augmentait ni ne diminuait ; les masses
qui suivent les utopistes, tant qu'elles n'en ont pas
encore souffert, les masses espéraient un Eldorado
au moyen des livres et des hommes du boulever-
sement universel.

Quand la division intestine vint abattre le système des *majorités factices*, ce fut le parti des chi-
mères qui s'empara du pouvoir ; le pauvre peuple,
toujours dupe de ceux qui s'en servent comme
d'une arme et d'un bouclier, accepta ce que ses faux
amis lui présentèrent comme un moyen de résur-
rection.

Que l'expérience nous serve donc en ce moment
où le pays semble se retremper dans son esprit
public. Dans la réaction qui se manifeste, on voit
facilement la tendance générale tournée vers l'honnêteté politique.

On ne veut plus de mots sonores et inféconds,
les systèmes commencent à tomber devant le bon
sens, car les majorités ne peuvent plus être l'effet
des intérêts particuliers. Que sont les hommes pour
l'histoire ? des machines qui se renouvellent sans
cesse ; jamais un peuple, une époque, n'a manqué

d'hommes capables; et c'est un des rares bienfaits de nos soixante ans de souffrance que l'esprit qui pousse les individus par la généralité vers la moralisation, spiritualisme politique qui vient stigmatiser l'impuissant orgueil des hommes.

CHAPITRE DEUXIÈME.

Les partis.

———

Dans les partis, nous avons à examiner leur principe, leur ensemble, leur portion active. Jetons donc
un coup d'œil rétrospectif.

Les deux grandes divisions qui partageaient la
France en 89 voyaient déjà se former dans leur sein
le parti qui s'est appelé doctrinaire, et se nommait
alors le parti anglais. Il se confondit avec le tiers
état, et tous deux disparurent, enfouis sous le
cataclysme de la Terreur. De ce mélange et de cette
révolution, naquit la situation politique de la bourgeoisie qui, plus tard, grandie par l'ostracisme dont
l'avait frappée le peuple, son premier auxiliaire, re-
parut puissante et superbe au milieu des débris de
la vieille société, qui de tout temps avait gardé la
France de ses ennemis sans avoir su se défendre des
abus.

La précipitation des uns, la résistance des autres, rompit la digue qui maintenait les flots populaires ; ils se déchaînèrent, tout fut englouti ou dut baisser la tête pour un temps. La lave brûlante s'éteignit peu à peu ; de ces cendres naquit un nouveau fractionnement, l'Empire ; à sa venue, le sommeil avait cessé, et les partis revinrent sans se souvenir qu'ils avaient vécu pendant leur sommeil ; l'idée qui les avait enfantés avait dû résister, et prenant la nouvelle forme des temps , elle traça à chacun d'eux sa ligne de conduite. Aussi, sous la Restauration, se trouvèrent-ils de suite en présence ; la République se mit à l'œuvre dans les sociétés secrètes ; l'ancien anglicanisme politique s'habillant , mi-partie des systèmes des économistes, mi-partie de ceux des philosophes, engendra le doctrinarisme, qui transforma la bourgeoisie en aristocratie. L'ancienne société fut repoussée ; on lui attribua les désirs arriérés qu'elle avait comme ceux qu'elle n'avait pas ; on lui nia ce que le malheur lui avait appris, sa théorie étant le spiritualisme, on y substitua le matérialisme ; de là, lutte entre deux éléments qui auraient dû s'entendre.

L'ancienne société s'était modifiée ; elle soutenait le pouvoir royal, mais en ne le froissant pas, on lui eut dès lors fait reconnaître les modifications qu'il était nécessaire d'apporter à la Constitution primitive, sous l'empire d'un révolution de plus en plus égalitaire. L'opposition systématique la buta, il y eut résistance, puis une révolution dont le propriétaire fut le libéralisme tandis que le parti républicain en avait été l'ouvrier.

La bourgeoisie, avide de jouir, qui au début de sa puissance était pressée de l'imposer, de la perpétuer, voulut que principe et pouvoir vinssent d'elle ; elle fonda une dynastie ; c'est-à-dire qu'elle reconnut le droit à toute force d'être légale après le fait accompli, suicide anticipé de son principe, base oscillante qui devait crouler après un parcours plus ou moins long.

A cette nouvelle phase, l'absolutisme de la direction et des idées n'avait fait que changer de place, au lieu de l'absolutisme de la volonté, c'était l'absolutisme de l'argent. L'opposition dût renaitre dans son propre camp ; le principe légitimiste, voyant l'oppression des libertés par ceux mêmes qui les avaient le plus demandées, en fut le fervent défenseur. Le républicanisme resta seul immuable ; immuable, je me trompe, la spéculation avait été son point de départ, l'application de ses théories devint sa chimère. La spéculation n'entraînait pas les masses, l'espérance de l'application les séduisit, les pauvres se virent riches, les ambitieux puissants, les malades guéris. La République s'était appelée Terreur, elle se nomma Socialisme, elle fut aidée par la soif de jouissance qu'imposait la nouvelle aristocratie métallique, jouissance dont elle s'abreuvait sans ménagement, oubliant que le supplice de Tantale décuplait les forces de l'ennemi.

La démocratie prit à son entrée en fonctions (février 1848) le nom de République, nom commode et élastique qui exprime le despotisme aussi bien que la monarchie la plus absolue. La France, à cette vue, fût frappée de stupéfaction; les partis terrassés regardèrent l'événement sans y apporter d'obstacles; faute d'énergie et de *boussole*, ils eurent peur...

La République le comprit; elle accrut sa hardiesse de toute leur faiblesse et laissa paraître le socialisme; tout le monde devint républicain; il y eut même une si grande unanimité, que le radicalisme, craignant d'être repoussé pour longtemps, donna des secousses violentes. Le courage naquit enfin de l'excès du mal.

Maintenant deux armées sont en présence, celle de la République et de ses conséquences, celle de la société.

Celle de la République est composée d'une minorité de sectaires confiants et inexpérimentés, d'une majorité d'ambitieux sans conviction, d'utopistes sans jugement, d'exaltés sans discernement, de gens tarés, dont la médiocrité envenime l'acrimonie, et comprend qu'elle ne peut atteindre le faîte de l'édifice social, qu'en le faisant crouler.

Au pouvoir, cette majorité a détruit les finances,

le commerce, l'administration ; elle a rendu l'industrie stagnante ; après cette belle œuvre, les républicains se divisèrent. Ceux qui n'avaient qu'un intérêt au lieu d'une conviction, furent repoussés par tout le monde : par les modérés, parce qu'ils avaient creusé l'abîme sans avoir la force de le combler ; par les exaltés, parce que ces derniers n'en avaient plus besoin ; ainsi l'on jette le poignard après s'en être servi. Les utopistes, marchant alors contre ceux qui croyaient honnêtement à la République, les pressèrent avec cette logique serrée qui conduit un homme aux dernières conséquences de son point de départ, et les mena du principe républicain au résultat communiste. La réaction vint dès lors arrêter cette marche terrible ; elle voulut la République honnête, mais non la République sociale, et les exaltés versèrent du sang. Ce parti était donc scindé en trois catégories : les hommes qui ne sont plus que les républicains du moment et de la nécessité ; ceux qui se croient obligés de l'être ; ceux qui veulent tout renverser pour tout ramasser à leur profit.

La République honnête est représentée par un petit nombre d'hommes qui diminue chaque jour devant la difficulté de l'exécution.

Enfin, le socialisme, germe de mort de la République, parasite qui pour désoler la patience de la France la harcelle sans relâche, parti inconsidéré qui recherche le désordre, comme les oiseaux de proie qui planent sur les champs de bataille pour vivre de la mort.

Rationaliste implacable, le socialisme dès les premiers temps se mit en face des défenseurs du principe commun, et leur dit :

La République ne peut exister hors de sa vérité, sa vérité est dans la démocratie; la République est née pour universaliser dans l'État l'égalité et le bien-être ; il y a des riches et des pauvres, il n'y a donc pas d'égalité ; il n'y a pas de bien-être général, car le bien-être étant relatif, le mal est en rapport de la proportion du bien des autres ; il faut arriver à cette équation, à l'œuvre?.. La République honnête frissonna; elle voulut contenter tout le monde, aucun de ses actes n'atteignit ce but; pour les nouveaux républicains, ils étaient entachés de tendances, qui devaient tôt ou tard amener le socialisme, c'est-à-dire la guerre civile; pour le socialisme, les mesures n'étaient ni franches, ni décisives; du tiraillement naquit le parti rouge, composé de sortes d'Érostrates politiques, qui entraînent la multitude par l'éclat de l'incendie; le 23 juin fut leur ouvrage.

Le parti monarchique, qui bon gré malgré avait sommeillé pendant les premiers mois, ne cherchant qu'à donner par son abnégation un peu de repos au pays, vit que sa faiblesse précipitait secousses sur secousses; il comprit qu'il serait un jour le seul remède aux maux publics; alors en se regardant il vit reparaître son fractionnement; ainsi, quand on enlève la poussière d'une image, les diverses parties en deviennent plus distinctes. Le fractionnement n'était plus dans les mêmes conditions qu'en 1830. Le parti de l'ancienne société, qui dépouillé de toute tendance personnelle avait défendu tous les droits et toutes les libertés, remontant à la source de son principe, l'avait trouvé dans la souveraineté nationale, parfaitement unie à l'autorité royale aimée en France, car si les peuples comme les êtres ont leurs progrès particuliers, ils gardent toujours les différences que les lois dès leur origine ont établi entre eux; puisant sa force à ce point de départ, il s'était identifié au pays, il était l'avant-poste des libertés, la pierre angulaire de son repos; aussi ce fut vers lui que les regards se tournèrent au moment de la réaction morale, parce qu'il devait puiser dans son dévouement le désintéressement nécessaire pour soutenir la République dans les limites de la volonté nationale, qui tôt ou tard arrive malgré les mauvais jours, à vouloir le plus grand bien possible, à ramener toutes les forces des intérêts privés sur l'intérêt général.

Le parti doctrinaire, le juste-milieu, avait suivi sa marche naturelle; sorti de la Révolution de 89, comme l'aristocratie de cette crise, il avait adopté les principes de la révolution anglaise de 1688, il

avait marché, se gardant et de ses auteurs les républicains et de l'ancienne aristocratie. Il réprima
pendant dix-huit ans les tendances démocratiques
quand elles se montrèrent dans la rue ; mais il fit
la faute de ne point assez surveiller la propagande
socialiste et communiste, qui gagnait peu à peu les
pauvres ouvriers incapables de discerner la folie de
ces prédications ; et pourtant, il n'eut fallu que la
liberté d'enseignement pour opposer une digue à
cet envahissement des doctrines anti-sociales ; toute
son attention, toute sa surveillance porta unique-
ment sur les autres partis. Peu à peu, les priviléges
industriels et la jouissance matérielle l'énervèrent,
sa puissance le grisa, et il tomba frappé d'apoplexie.
Dans le premier moment, il en voulut à tout ce
qui ne tombait pas comme lui.

La chute avait anéanti le principe de sa fondation ; il s'en prit donc au parti monarchique ad-
verse qui avait survécu au désastre, et donna aide
à l'essai républicain ; mais quand il vit que le dom-
mage était de plus en plus grand, il réfléchit, et
voulut tendre la main à l'ancienne société. Là vint
le rôle des ambitions personnelles, le jeu de la partie active du parti ; on pesa tout avantage et tout
inconvénient ; et le malaise de la France devenant
plus grand encore, le petit nombre dut suivre la
masse. On s'entendit ; c'est alors que survint une
autre complication.

Le parti républicain avait suivi d'un œil attentif cette marche fusionnaire ; il eut peur à son tour, et voulut diviser ; il fut dans le petit commerce de Paris et de la province pour renverser l'édifice qui se con-struisait.

« La réaction, dit-il, c'est le parti légitimiste qui s'avance... prenez garde ; si vous n'aviez que son principe, il n'y aurait que demi-mal, mais avec les choses viennent les hommes. » Et se servant des vieilles préventions d'un temps à jamais loin de nous, il fit voir des habits à paillettes chargés de priviléges ; sous tout modeste chapeau rond de pro-priétaire, il montra la tête de Pitt et de Cobourg.

« Quoi ! dit-il, vous avez renversé le pouvoir de 1830, vous avez subi la République pour retomber entre les mains de Polignac ! allons donc. » Il parla de la Restauration revenue dans les fourgons de l'étranger, du milliard, de la Charte, etc. ; en tenant ces discours, le parti républicain voulait souffler la discorde et l'animosité, mais il n'avait pas compté sur l'impartialité et la justice qui se retrouve tou-jours devant un danger commun.

CHAPITRE TROISIÈME.

État des partis.

———

A toutes les attaques du parti socialiste, l'ancien parti conservateur dut répondre, avec M. d'Audiffret, que le milliard des émigrés, « cette mesure si violemment calomniée par l'esprit de parti, a racheté une dépréciation ruineuse du sol français, une moins value considérable sur l'impôt direct et l'enregistrement; » que cet acte a protégé les *possesseurs de biens nationaux*; que pour 900 millions, il a rendu leur valeur à 2 milliards de biens territoriaux, acte politique et moral s'il en fut jamais.

Quand le socialisme voulut lui rappeler les frais de l'invasion, le parti doctrinaire dut penser qu'il serait étrange de confondre les résultats sans tenir compte des causes, car la cause amène le résultat. Or, la spoliation des biens patrimoniaux, était-elle l'œuvre de la Restauration? Était-ce sa faute si, après 1814, l'Empereur, par une nouvelle tentative, avait effrayé l'Europe qui, plus vindicative, exigeait en 1815 ce qu'on lui avait refusé en 1814?

Le socialisme mit encore en avant la Charte et les ordonnances ; mais on lui répondit que le parti légitimiste pouvait repousser les accusations injustes, surtout celle qui lui donnait une dette de deux milliards et demi, tandis que deux milliards appartenaient aux époques précédentes, mais qu'il ne prétendait pas défendre les fautes de la Restauration.

Comment, en effet, le parti conservateur eut-il oublié le danger commun, tous les intérêts si puissamment ébranlés par le parti socialiste, la pitié que le malheur des classes pauvres a jetée dans tous les cœurs, enfin, qu'au principe de l'instabilité révolutionnaire qui dissout, il est nécessaire, à défaut de la République, d'un principe qui rétablisse la sécurité par sa stabilité?

Au parti légitimiste, le socialisme voulut inspirer une méfiance injuste : « Savez-vous, leur dit-il, avec qui vous voulez vous lier? mais c'est avec un adversaire actif; derrière l'intérêt général vous trouverez les prétentions particulières qui se joueront de vous, qui sacrifieront tout à leur appétit. Examinez, il y a un an, il avait le pouvoir, tout était pour lui, honneurs et influence; il craindra, en se liant avec vous, de diminuer sa part, et vous jouera comme moi je l'ai fait ; il voudra ramener avec lui le système d'un bien-être factice et intermittent, car le bien-être se cotait à la Bourse, et dépendait de la bonne ou de la mauvaise gestion de la majorité.

Vous tous qui prétendez avoir toujours défendu les vrais principes sociaux, voulez-vous retomber dans les gouvernements de fantaisie? Voyons, ce système donnait-il d'égales chances de lutte industrielle à toutes les classes de la société, quand le jeu était la base des opérations, pour la plupart livrées aux hasards et aux turpitudes de la Bourse? Or, vous disant hommes de progrès, pouvez-vous adopter cette marche?... Prenez-y garde, les hommes de ce parti veulent se servir de vous pour couvrir l'impopularité de leurs actes passés, vous n'êtes qu'un moyen. » A tous ces efforts, l'ancien parti légitimiste répondit : Nous ne sommes pas des hommes de parti, nous sommes les hommes de la société, des hommes de principe et de liberté. La question n'est plus aujourd'hui sur telle ou telle nuance, il ne doit plus en exister ; mais sur le terrain du salut national, et là nous n'avons plus à récriminer ni à nous souvenir, les fautes que nous avons faites dans le passé, nous les reconnaissons, et les anciens conservateurs ne doivent pas être plus en arrière que nous pour voir l'instabilité et les inconvénients du système qu'ils ont suivi.

Les fautes qu'ils ont faites ne proviennent pas des

hommes qui soutenaient cet édifice, mais du point de départ dont-ils s'étaient servi. Les torts du système ne furent pas dans la royauté de 1830, mais dans son origine. Pour se conserver, il lui fallut de l'habileté, l'habileté est mère du changement, et le besoin de changement se saisit des peuples, à l'exemple des pouvoirs, quand cet instinct ne se brise pas contre un principe immuable et expérimenté.

La corruption n'était pas non plus l'œuvre des hommes, elle provenait de la position précaire d'un droit sorti d'une révolution. Pour prévenir une autre révolution dans les Chambres, on travaillait les électeurs; pour la prévenir dans les esprits, on les jetait sur d'aventureuses spéculations, car tout était réduit à l'exploitation du crédit.

Nous ne pouvons accepter ces accusations, car les conservateurs sont rentrés comme nous sur le terrain libre de la souveraineté nationale, notre impopularité est passée, la leur, nous la couvrons de notre égide. Cessez donc ces vaines tentatives qui montrent votre impuissance. Vous parlez de fautes, et quant vous avez eu le pouvoir, qu'avez-vous fait?

Pour nous séparer, vous avez oublié l'esprit public qui commande aux partis, vous avez oublié le désintéressement de l'ancien légitimisme, longtemps habitué à ne point participer à la distribution des places et des pouvoirs. Devant les grandes questions de salut public, que les places, soient au mérite, c'est tout ce qu'il lui faut ; que le budget diminue et féconde la sueur des travailleurs, c'est tout ce qu'il demande.

Nous arrivons maintenant à la portion militante des partis, c'est-à-dire à cette catégorie d'hommes actifs, qui en sont les chefs ou la garde prétorienne. D'une part, les hommes du parti légitimiste parfaitement unis, défenseurs des libertés depuis dix-huit ans, ont montré la sincérité et la droiture de leurs vues ; jamais, quand leurs adversaires furent vaincus, ils n'ont pas cherché à les primer encore moins à les annihiler, ils leur ont tendu la main et leur ont dit : Marchons ensemble au secours de la société, laissons de côté les questions de personnes, ne nous occupons que du salut commun ? et, confiants dans la nécessité, ils ont marché sans arrière-pensée.

Les hommes actifs du libéralisme se trouvaient, pour la plupart, dans une situation toute autre ; ils sortaient du pouvoir, et au pouvoir les partis les mieux unis, se divisent : leur fractionnement se trouvait donc en jeu.

Les uns avaient soutenu les doctrines, les autres en attaquant les hommes avaient marqué de leur talent l'amoindrissement des choses ; il s'était élevé une guerre civile, dont l'ambition était l'enjeu. Devant l'ennemi commun, les uns comprirent la haute portée de la situation, et furent sincères dans leur désir de rapprochement ; les autres, maintenus par des considérations personnelles, entourèrent les chefs de leur obsession pour les éloigner du conseil de la sagesse et du patriotisme ; ils les rendirent incertains et aidèrent le parti exalté à doubler les difficultés de la fusion.

Au milieu de ce mouvement qui renfermait tant d'éléments de discorde, une idée mise en avant par quelques hommes est venue exciter la méfiance du parti légitimiste ; en acceptant (à défaut de la République) ce principe, on veut, dit-on, greffer sur lui une régence en forçant l'abdication du représentant de la légitimité. Nous ne croyons pas pour notre part qu'une pareille impossibilité vienne germer dans la tête d'hommes sérieux. Où serait, en effet, l'avantage politique qu'en retirerait la France ? aucun. Au milieu de toutes les difficultés attachées aux régences, de tous les troubles qu'elles entraînent nous retrouverions ce système d'habileté gouvernementale qui nous a été si nuisible, et que nous avons rejeté ; si d'un autre côté la République honnête maintenait la société jusqu'à la majorité d'un enfant, la République se serait montrée possible ; alors pourquoi ne point la conserver ?

Cette combinaison ne serait donc qu'un moyen d'ambition personnelle, auquel nous ne croyons pas, parce que le pays n'a aucun intérêt à s'y associer.

Si la République est impossible pourquoi une abdication? le représentant du principe légitime, a-t-il
démérité du pays, a-t-il fait le moindre effort pour
le troubler? voudrait-il rentrer malgré la nation?...
non; a-t-on à lui reprocher quelque acte politique
qui l'ait rendu impopulaire? aucunement, car dans
le peuple on le nomme M. Crédit. Puis a-t-il le droit
de renoncer au principe qu'il représente? encore
moins; il appartient à la France, mais la France
ne lui appartient pas, et il ne peut la donner à qui
bon lui semble. Le parti libéral qui le défend a su
prouver que pour le bien du pays qu'il croyait
attaché à ce principe, il savait être persévérant et
incorruptible, et le pays d'accord avec lui ne souf-
frirait pas un pareil escamotage; nous le répétons,
les gouvernements d'expédients ne conviennent plus
à la France.

Nous nous expliquons donc sur ces bruits l'hési-
tation de certains hommes.

Le parti religieux est venu aplanir par sa nature
les obstacles qui se rencontraient dans l'esprit des
masses. Ce parti, expression de la marche politique
des hommes religieux, avait subi diverses transfor-
mations. Frappé dans les membres du clergé par la
Terreur, dans son organisation par l'Empire, sous
la Restauration, il avait cherché par la force personnelle à ressaisir son influence; il a défendu la pratique avant de protéger la foi, l'incrédulité s'est forti-

fiée de cette faute politique, et l'ancien libéralisme
s'est servi de cette marche imprudente contre la religion et le clergé. En 1830, une grande fraction
était irréligieuse par opposition, et revint peu à peu
à d'autres sentiments ; la réforme apportée dans le
parti religieux enleva ce levain d'incrédulité que
le XVIIIe siècle avait jeté au milieu des peuples, la
morale le trouva plus attentif, le dogme plus croyant,
la pratique plus facile ; et la force augmenta en raison des œuvres de charité qui se multipliaient
de jour en jour sous les efforts de ce parti. Le
mouvement monta l'échelle de la société, ceux
qui étaient devenus religieux par système, le devin-
rent par l'habitude qui entraîne la conviction. Les
autres partis marchaient séparés, mais celui-ci qui
glanait dans tous les camps par le privilége de son
indépendance et des résultats qu'il obtenait, devint de plus en plus considérable ; charitable par
la nature de ses préceptes, la charité fut son arme
favorite ; les utopistes voulaient donner le bien-être
aux classes pauvres par des bouleversements, le parti
religieux joint au parti légitimiste trouva des ressources dans sa morale et dans son activité. Quand
est survenue la révolution de 1848, un grand bien
s'était déjà opéré par lui ; en se rencontrant sur son
terrain les partis avaient abandonné leur acrimonie,
et quand la société fut menacée, le danger commun,
réunissant toute la portion saine de la nation, vint

confondre les diverses nuances sous la bannière de la morale chrétienne. On reproche au parti religieux de n'avoir point choisi de drapeau ; il ne le devait pas ; à l'imitation du Christ, il ne pouvait jeter la pierre à aucun de ses frères ; il était le banquet offert à tous les partis pour qu'ils y fissent la cène en honneur de la foi, seule ressource du présent.

Son abstraction n'a point d'esprit politique particulier, mais le principe du droit absolu réglé par l'Évangile, droit général, qui par ses déductions logiques conduit au droit relatif, compris dans ces paroles : Rendez à César ce qui est à César et aux peuples ce qui appartient aux peuples ; force d'autant plus grande, que le parti religieux n'est plus une caste, mais une expression qui conserve et qui propage les bonnes doctrines.

Son fractionnement est peu sensible ; cependant il est harcelé, par sa partie démocratique, qui confond l'esprit de l'Évangile, avec l'esprit politique. Pourtant l'esprit de l'Évangile régit l'ordre moral, l'individualité, tandis que l'esprit politique régit l'ordre physique, la généralité.

Ni le Christ, ni les Apôtres, ni l'ancien, ni le nouveau Testament n'ont mis en avant tel ou tel mode d'autorité ; et si leurs conseils sont en vue de la démocratie, il ne tendent pas à la constituer en *autorité*.

Du reste, le clergé a été attaqué, non parce qu'il

produisait un mal, mais parce qu'il avait été compris dans l'anathème porté contre les classes privilégiées ; cet anathème s'était formulé, par des injures et des accusations dont les formules sont restées comme un son dont on se sert, habitué que l'on est à l'entendre ; et pourtant nous sommes à une époque où il faut que les vieux préjugés disparaissent comme les vieux abus.

En effet, le clergé n'est-il pas dans la loi commune? peut-il s'attribuer une portion quelconque du pouvoir? Non, son action n'est que salutaire. D'où vient la gravité de la plaie sociale? de la démoralisation. D'où vient la démoralisation? du manque de principe. Le manque de principe? du manque de foi. Et que fait le clergé? il moralise par la foi et par la charité.

CHAPITRE QUATRIÈME.

Conclusion.

De même que les diverses civilisations dérivent des systèmes religieux, de même les principes politiques découlent des différents principes sociaux; ils se combinent entre eux dans la mesure de leur possibilité réciproque, pour enlacer dans leur unité tous les partis et en former une force, égide impénétrable, dont la société pourra se couvrir afin d'être à l'abri des intempéries de l'esprit humain.

C'est du mélange des antiques principes et des nécessités nouvelles, que doit naître un ensemble politique destiné à devenir la base d'un système commun à tous les éléments de la nation. La moralité doit en être l'essence, car la moralité engendre le devoir qui s'est étiolé au souffle de l'incrédulité.

Fouillons dans le passé, et partout nous découvrirons l'histoire de nos jours; c'est-à-dire des partis se multipliant, se succédant, puis disparaissant sous les derniers efforts de la puissance d'un peuple ; éclair brillant qui illumine un siècle ou prédit sa fin prochaine.

Mais ce qui ne s'est jamais vu, c'est un principe disparaissant, c'est un peuple changeant radicalement la forme de son gouvernement avec quelque chance de durée. Partout vous les verrez vivre avec l'expression fondamentale de leur constitution originaire, ou mourir sous les efforts inconsidérés de l'esprit de désordre, parce que le principe d'autorité réside dans la nation et dans l'expérience ; dans la nation, car à son origine, tout peuple transmet ses droits abstraits à une autorité ; dans l'expérience, parce que c'est l'autorité établie primitivement qui préside toujours à la plus grande durée des nations ; or, si de la nation émane l'autorité, de l'expérience émane l'imprescriptibilité de cette décision originelle.

Pourtant ce qu'il y a de remarquable dans les convulsions des peuples, dans la succession des hommes politiques, c'est cet oubli du passé, cet aveuglement qui leur fait croire que les générations antérieures ne savaient pas ce qu'ils savent en fait de politique, ne pouvaient ce qu'ils peuvent ! Ils travaillent pour l'individu, en ne s'inquiétant pas de l'ensemble, de sorte que ce qu'ils proclament immuable est ce qui tombe le plus vite ; ce qu'ils élèvent sur le pavois comme chef-d'œuvre de leur esprit, est ce qu'ils renversent avec le plus de violence, parce qu'un caprice a seul présidé à l'exaltation. L'Assemblée constituante avait dépassé son but; elle avait oublié la nation et les recommandations des mandataires ; elle avait enfoui l'esprit public sous l'exubérance de sa grandeur, sous l'éclat de ses talents ; elle n'avait pas assez compté avec le passé moral du peuple français, son œuvre est tombée!... Celle de la législative eut le même sort, parce que les passions ont commencé leurs menaces, parce que au lieu de retourner aux bases fondamentales, elle s'en est plus éloignée encore que la Constituante. La Convention parut!... Une et deux fois elle a tenté son œuvre, et son œuvre n'étant qu'une spéculation métaphysique, a engendré les luttes terribles qui ont fait tressaillir la France dans le sang. Malgré donc la grandeur de la Constituante, le travail de la Législative, les efforts désespérés de la Convention, toutes ces Constitutions proclamées immortelles chacune à son tour, toutes sont tombées insuffisantes et délabrées.

La Constitution de 1848 a-t-elle un principe de vie plus fort, plus complet, plus durable?

Nous ne le croyons pas, à moins qu'une révision de cette œuvre empreinte d'irrésolution ne vienne remédier aux principes morbides qu'elle renferme.

La majorité doit relever la tête en mettant un

terme à ces divisions ; or, quelles sont les causes qui l'ont maintenue dans cet état dangereux ?

Elle s'est divisée.

Parce que les hommes, enchaînés par leur orgueil à leurs erreurs passées, n'ont pas eu la grandeur de se réformer eux-mêmes.

Parce que leur ambition entourait leur cœur d'un mur de glace.

Parce que le scepticisme a remplacé la conviction, fille aînée de l'expérience.

Parce qu'ils se sont courbés sous le fouet de la matière.

Parce qu'au lieu de servir la nation ils ont voulu l'exploiter.

Parce qu'ils ont compliqué les rouages de la machine politique au lieu de les simplifier.

Parce qu'enfin, semblables aux Philodoxes dont parle Platon : « Ils ont rempli leur esprit d'opinions, dont ils ignorent les fondements, et se sont entêtés de mots, et n'aiment et ne voient que l'apparence des choses. »

Réunissons-nous tous qui désirons la vie de la France, pour écarter les nuages qui obscurcissent l'horizon ; car tous les partis ont fini leur rôle personnel.

Le parti républicain qui semait, en 93, le désordre, l'injustice et le crime, n'a pas oublié ses vieilles tendances, et ce principe équitable, que notre imperfection ne peut admettre dans sa vérité, devient en général une cause d'anéantissement ou de tyrannie; au-delà du chaos qu'il enfante, il ne sait placer que le néant, parce qu'il est toujours dépassé par les exaltés qui dépeuplent la conscience pour n'y faire entrer que le doute. Le seul espoir de la République est de se méfier de ses partisans.

Le parti napoléonien, qui n'avait vécu que de souvenirs, car ses espérances étaient mortes à Schœnbrunn, reprit courage en voyant l'ère révolutionnaire qui se redressait. N'était-ce pas naturel? Son droit équivalait à tout autre pouvoir inaccoutumé; mais le représentant de l'empire, renonçant à ses espérances devant le vœu national, a accepté une mission d'ordre qu'il accomplit dignement. Ce parti est donc légalement mort sous le vote du 10 décembre, vote de protestation qui s'est servi du plus grand nom des temps modernes. Certainement, bien des ambitions adjacentes veillent encore; là est le danger que la sagesse du président doit éviter. Réuni à tous les hommes d'ordre, il marche avec la fusion, et s'il trouvait une opposition dans son propre parti, elle serait sans force, parce qu'il lui demanderait ce qu'elle représente, quel est son but, sur quoi elle s'appuie....

Quant au parti conservateur, il est fractionné parce qu'il est fils de l'individualisme; son action n'est pas uniforme, l'inquiétude est son essence, car son caractère s'est ressenti de l'instabilité des capitaux ; son intelligence habituée à mille ressources, a créé mille craintes pour chaque jour ; tout l'impressionne, les accusations injustes qu'on peut porter contre lui, comme celles qu'il voit porter contre ses anciens adversaires ; sa part, dans la fusion, est de combattre la jalousie qui est dans son essence, et les préventions qu'il a conservées contre ses amis du jour.

Le parti religieux s'est retrempé dans l'expérience, il a atténué les haines et secondé la réconciliation, il a suivi sa devise : Morale et Charité ; il doit toujours se garder de confondre les préceptes politiques avec les préceptes religieux.

Le parti légitimiste, doit penser aujourd'hui à prendre sa part d'influence, sans violence comme sans exclusion ni faiblesse. Pendant dix-huit ans, il a soutenu les libertés publiques, il ne peut en perdre le fruit ; il faut que, pour elles, il soit toujours sur la brèche, c'est à lui qu'il appartient de montrer la route que les pouvoirs doivent suivre. Plus que tout autre, il sait pratiquer l'abnégation, jusqu'à l'abandon de ses propres amis. L'esprit de parti lui est inutile, car il est de son essence de vivre en bonne intelligence avec les classes moyennes, *source* dans laquelle puise l'aristocratie, et avec les classes ouvrières dont il est l'ami et le défenseur. Ce que nous prêchons est donc naturel ; car en se liant, en se mêlant avec les autres catégories, ce parti les absorbe dans son principe, il rentre en lui-même.

Loin du pouvoir, il a conservé l'arche sainte de la stabilité, il ne connaît que deux principes : *La République honnête* ou *la vraie Monarchie*. Si l'expérience que nous poursuivons sincèrement ne réussit pas, c'est dans le principe d'hérédité légitime pure qu'il se réfugierait.

On lui dit qu'il demande à cet effet l'appel à la nation? Pourrait-on être assez fou pour vouloir ce qu'elle ne voudrait pas? et si elle le voulait, où donc trouverait-on une force pour combattre cette volonté?

Ce parti est compacte. Dans les voies de liberté, la partie progressive a entraîné la partie timide, et son ensemble est d'autant plus imposant qu'il représente les digues infranchissables à opposer au socialisme, la religion et la propriété.

Tels sont les deux grands principes qui, abstraction immense, enveloppent les partis et les forcent à l'union. C'est la France qui s'écrie : J'entends travailler pour moi, pour moi seule; fleuve puissant, on a soumis mon cours aux inégalités des torrents; je veux reprendre le lit que m'a creusé ma course, et rouler paisiblement sans accidents et sans dangers.

Nous voyons dans cet ensemble une tendance générale bonne, soumise à des fluctuations par les intérêts particuliers. Nous voyons un danger dans tout isolement, car nul pouvoir ne peut plus s'impatroner sans le vœu national. Tous les systèmes ont été expérimentés.

Maintenant la somme totale de toutes les nécessités doit être satisfaite. Manquer de franchise dans cet acte, serait une grande folie. On s'impatroniserait quelques jours pour tomber, car les peuples n'appartiennent à aucune famille; ce sont certaines familles qui appartiennent à une nation, et les peuples savent les réclamer, quand en elles ils pensent trouver un gage d'existence et de prospérité.

Il ne faut pas s'y tromper, l'inquiétude de notre caractère national veut toujours précipiter les événements, et comme l'ensemble ne peut marcher qu'avec calme, les partis sont l'expression de ce défaut. Mais quelle serait leur excuse aujourd'hui, où le suffrage universel dicte une volonté nationale, où l'esprit public, qui sait si bien guider les peuples, se relève et brille pour dire : Arrière tous les préjugés, toutes les ambitions, toutes les théories subversives? Or, le moyen de prévenir le mal est de cimenter fortement la fusion, et pour cela que chacun, dans son propre camp, combatte les vieilles rancunes.

Les élections nouvelles vont être la pierre de touche de la concorde et des espérances que l'on peut concevoir; là, toutes les difficultés vont se présenter, celles de principes, celles de personnes, celles de localités.

Celles de principes seront entre deux camps, l'ordre et le désordre ; celles de personnes, entre les ambitions impérialistes, entre les noms représentant les diverses nuances monarchiques, entre les efforts de la centralisation et l'esprit de clocher.

Quant à celles de principe, tous les hommes d'ordre sont sur le même terrain, celui de l'obéissance à la volonté nationale, ses expressions principales ; les légitimistes, les doctrinaires, les bonapartistes ne peuvent se nuire ; étant unis pour soutenir ce qui est dans les bornes de la volonté nationale, ils se retrouveraient plus tard sur un même terrain. Quant à la petite fraction des régentistes, elle disparaît dans cet ensemble, auquel les républicains honnêtes tendent la main.

Reste donc la bande des terroristes, dont il faut surveiller et combattre puissamment les manœuvres.

Les difficultés de personnalités donnent plus de craintes ; car les ambitions se remuent en tous sens, qui par le centre, qui par les localités ; elles tendent à diviser les voix, et peuvent faire une ouverture que saisirait le parti exalté ; c'est contre cet inconvénient que la fusion doit marcher ; la réduction des candidats, tel doit être son objet, but à moitié atteint, quand les divers comités de province auront fait leur part *selon leur influence respective*, et réuni leurs forces en une expression homogène.

Le comité électoral de la rue de Poitiers n'a pu se former que dans la mesure des influences parisiennes, et non dans celles des influences départementales ; c'est une preuve, qu'en arborant l'étendart de l'union, Paris émet que l'idée et non le mode, qui doit varier selon les circonstances particulières aux départements, suite inévitable de l'esprit décentralisateur des provinces, esprit auquel il serait dangereux et mauvais de porter atteinte.

La complication des anciennes et des nouvelles ambitions est aussi une chose sérieuse ; les anciennes ambitions personnelles, c'est-à-dire les ambitions des hommes qui ont des antécédents politiques, sauf quelques exceptions, sont un danger ; car elles ne veulent pas lâcher prise, malgré leur impuissance démontrée par les faits.

En revenant au pouvoir elles laissent subsister des préventions appuyées sur leur passé ; elles apportent l'impopularité à l'abstraction dont elles font partie, elles n'ont pas la liberté d'action, enchaînées qu'elles sont par leurs actes.

Or, à une époque où tout est remis en question, il faut être libre de tout système, de toute obligation, pour juger sainement le passé et le réformer conformément aux besoins du moment. Ces ambitions qui veulent fermer tous les abords à la nouvelle génération, viennent d'un égoïsme impardonnable dans ce temps de crise, égoïsme dont les électeurs devraient avoir raison. Nous parlons pour toutes les nuances en général, car nous ne pensons pas qu'on puisse donner sa démission de tout principe politique; on oublie voilà tout, et il faut bien se garder, dans les élections, des hommes qui n'ont pas une opinion connue, parce qu'au moment du danger, ils appartiennent toujours au parti qu'ils craignent le plus.

N'est-il pas naturel que les nouvelles ambitions surgissent? L'époque qui s'ouvre n'est-elle pas la leur? L'avenir ne leur appartient-il pas et n'est-ce pas pour l'avenir que nous travaillons? Puis toutes les idées nouvelles et généreuses, toutes les libertés ne les ont-elles pas défendues? L'impopularité peut-elle s'attacher à leurs actes? Non, en eux est donc l'espoir du pays. Au lieu de leur fermer les portes de la Chambre ouvrez-les leur à deux battants, car ils n'ont pas encore l'égoïsme de l'expérience, mais comme les autres, l'expérience de l'étude.

Ils ont la liberté de leur conviction, la générosité de leur jeunesse.

Or, dans cette opinion que nous manifestons en faveur des gens nouveaux, nous émettons un moyen de plus d'arriver à la fusion; car les rivalités de parti disparaissent devant la nouvelle génération, en général imbue des mêmes désirs et des mêmes principes.

Pour ce qui regarde l'esprit de clocher, il faut lui

beaucoup accorder, mais il faut aussi beaucoup l'é-
clairer; car l'expérience n'a pas donné une marche
régulière à notre nouveau mode de suffrage; tout en
repoussant la centralisation avec force, en repoussant l'absolutisme du chef-lieu, il faut ne pas oublier
les concessions réciproques que l'on se doit, concessions qui fondent la fusion non seulement entre les
localités, mais encore entre les hommes; c'est ainsi
que l'on apprend à se connaître, à s'apprécier, et
que l'on établit une force capable de résister aux
tempêtes politiques.

Il faut dans cette élection, que l'on évoque le
passé de chacun, et que l'on juge par ses actes pré-
cédents ses actes à venir; que l'on n'accorde pas ses
suffrages à l'intrigue, mais aux principes qui ani-
ment le candidat; enfin que la fusion serve de tamis
à toutes les ambitions.

Car la fusion a pour but de travailler en commun
à protéger l'esprit de famille par *une large part faite
à tous les éléments sociaux*; à consolider la paix par
une véritable liberté, par un concours assuré aux
travailleurs et à la décentralisation administrative.
C'est une conséquence nécessaire de notre état présent; unissons-nous donc sans nous centraliser;
l'esprit public le demande, la nécessité le commande,
l'honnêteté le veut.

Les avantages en sont incalculables; il n'y a plus
qu'un parti, celui du vœu national; l'esprit public

retrouvant son action, saura réclamer ce qui peut nous sauver. Or, le résultat doit être la stabilité politique, les systèmes refoulés, les haines oubliées, et la France, sortant comme d'un rêve douloureux, retrouvera l'ordre, la sécurité, la richesse et la grandeur.

Nous terminerons par ces paroles pleines de sagesse du rédacteur de la *Liberté*, d'Avignon :

« Nous parlons au bon sens des électeurs, au patriotisme des partis, à l'intérêt de ceux qu'effraient les révolutions, sur le terrain des principes fondamentaux de toute société — Conciliation.

» Mais..., entre des passions ennemies, entre des factions prêtes au combat :

» Pas de transaction ! »

FIN.

Imp. de G GRATIOT, rue de la Monnaie, 14.

Curiosités révolutionnaires

LES

JOURNAUX ROUGES

HISTOIRE CRITIQUE

DE TOUS LES JOURNAUX ULTRA-RÉPUBLICAINS

Publiés à Paris

DEPUIS LE 24 FÉVRIER JUSQU'AU 1er OCTOBRE 1848

Avec des Extraits-Spécimen et une Préface

PAR UN GIRONDIN.

Un volume grand in-18. — 1 fr. 50 c.

Depuis le 24 février jusqu'aux sanglantes journées
de juin, on a vu surgir à Paris une foule de carrés
de papier rédigés dans le sens du républicanisme le
plus avancé; les uns n'ont eu que quelques heures
d'existence, d'autres ont vécu une semaine; il en
est même (mais en bien petit nombre) qui ont pro-

longé leur carrière durant près d'un mois. Toutes ces feuilles sont déjà devenues presqu'introuvables ; elles méritent toutefois de tenir place dans l'histoire de 1848, année que le journal de M. Proudhon se permet de qualifier de *maudite*.

On doit savoir gré à un amateur de curiosités révolutionnaires, qui a pris la peine de donner une liste raisonnée de ces feuilles aujourd'hui détruites, et qui a joint à son catalogue des citations propres à édifier sur le mérite de l'écrit qu'il analyse.

Ce volume, qui est l'histoire critique de tous les journaux publiés depuis le 24 février jusqu'au 1er octobre, offre un travail aux collectionneurs qui, sans cela, auraient été très embarrassés de se procurer la plupart de ces divers renseignements historiques ; ceux de province surtout, qui n'ont pas eu l'occasion de savourer tous ces chefs-d'œuvre, qui sont devenus des raretés bibliographiques.